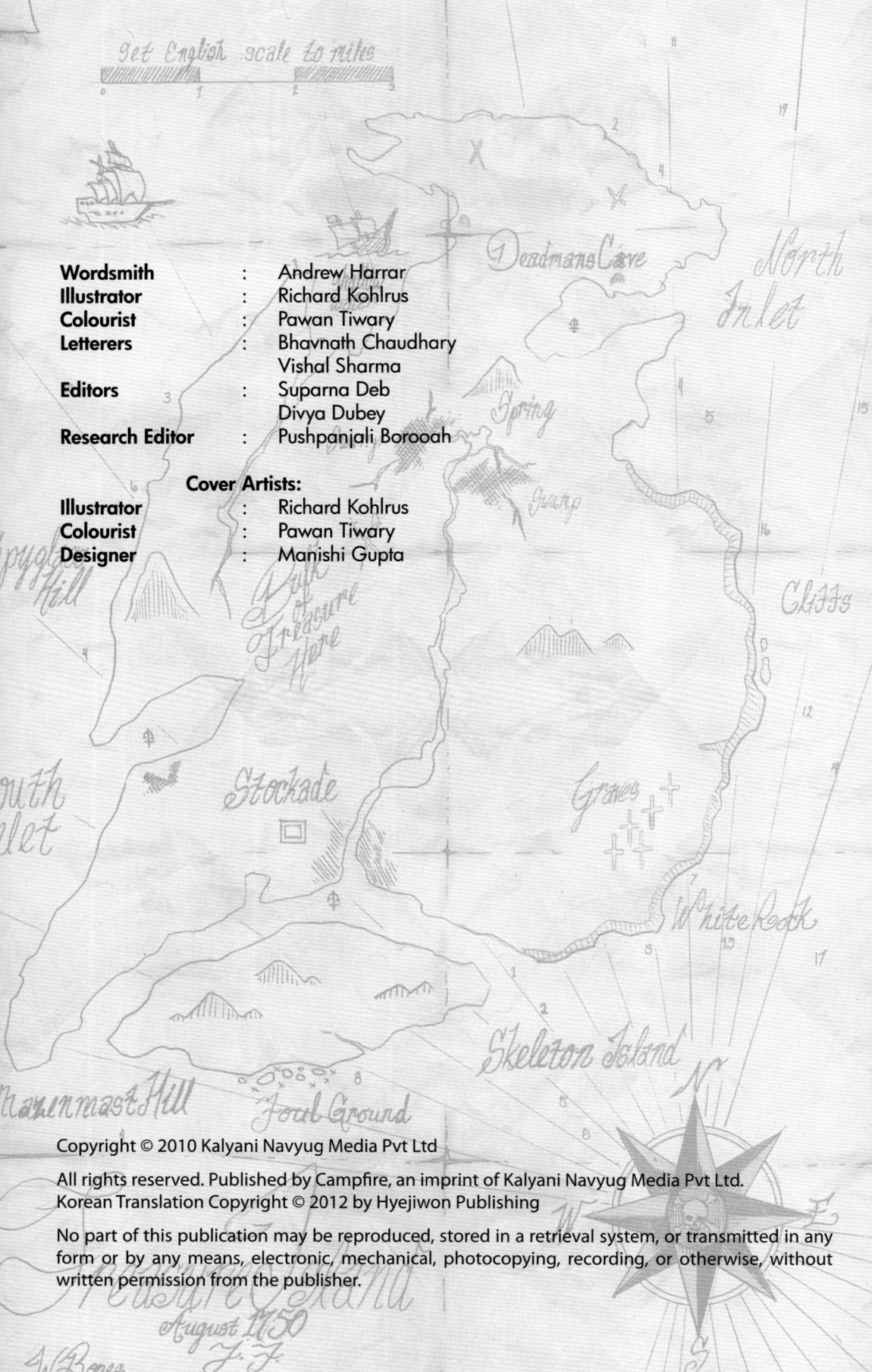

Wordsmith	:	Andrew Harrar
Illustrator	:	Richard Kohlrus
Colourist	:	Pawan Tiwary
Letterers	:	Bhavnath Chaudhary
		Vishal Sharma
Editors	:	Suparna Deb
		Divya Dubey
Research Editor	:	Pushpanjali Borooah

Cover Artists:

Illustrator	:	Richard Kohlrus
Colourist	:	Pawan Tiwary
Designer	:	Manishi Gupta

Copyright © 2010 Kalyani Navyug Media Pvt Ltd

All rights reserved. Published by Campfire, an imprint of Kalyani Navyug Media Pvt Ltd. Korean Translation Copyright © 2012 by Hyejiwon Publishing

No part of this publication may be reproduced, stored in a retrieval system, or transmitted in any form or by any means, electronic, mechanical, photocopying, recording, or otherwise, without written permission from the publisher.

About the Author

Robert Louis Stevenson was born in Edinburgh, Scotland in 1850. The son of an engineer, Stevenson followed in his father's footsteps by studying engineering and law at the University of Edinburgh. However, his passion for writing soon became more than a hobby, and he decided to pursue it on a full-time basis. This career choice initially upset his father, but Stevenson made a promise to complete his studies, and was admitted to the Scottish Bar in 1875.

Stevenson's most famous work is the classic pirate tale *Treasure Island*, which was published in 1883. A fast-paced story of adventure, with mass appeal, it soon became popular across the world. In the 125 years since then, readers of all ages have delighted in following the exploits of young Jim Hawkins as he travels to a remote island in search of buried gold. Stevenson later created an infamous, but very intriguing, character in *The Strange Case of Dr Jekyll and Mr Hyde*, published in 1886. His adventure story *Kidnapped*, a tale of a young boy and a stolen inheritance, was also published in the same year.

Throughout his life, Stevenson was frequently in poor health, and he often travelled abroad in search of places with mild climates. He also wrote a number of essays detailing these trips. During one such journey to France, he met an American woman named Frances Osbourne, and later married her during a visit to California.

In 1887, Stevenson headed for America with his wife, stepson and mother. He had become famous in New York, and received many attractive offers from various publishers. It was soon after this move that he took up his pen for *The Master of Ballantrae*, a novel which is considered one of his best works.

Stevenson eventually settled, with his family, on the island of Samoa, where he died at the age of forty-four on 3rd December 1894. While best known for writing tales of action and adventure, Robert Louis Stevenson is also remembered as an accomplished poet and essayist.

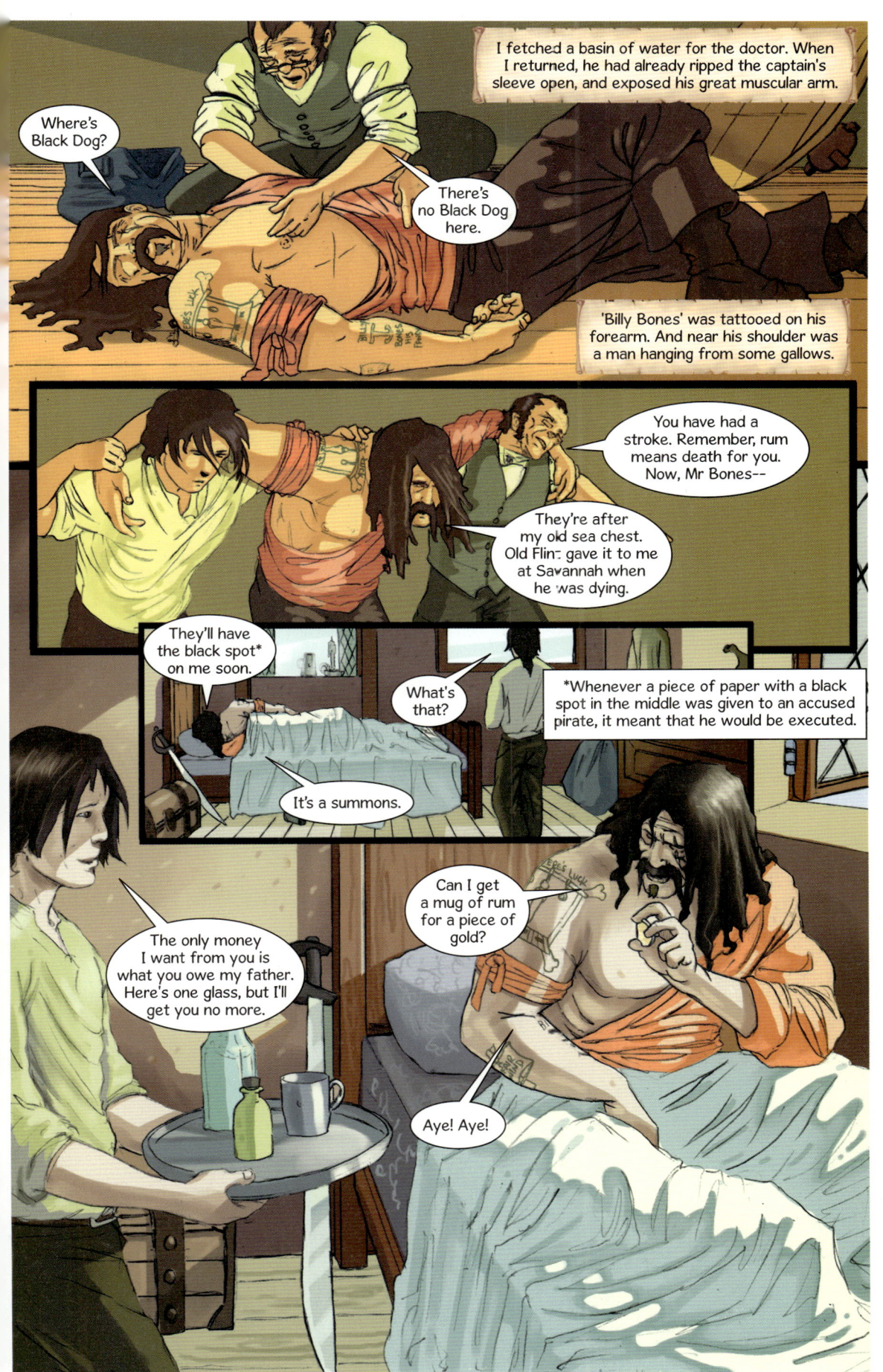

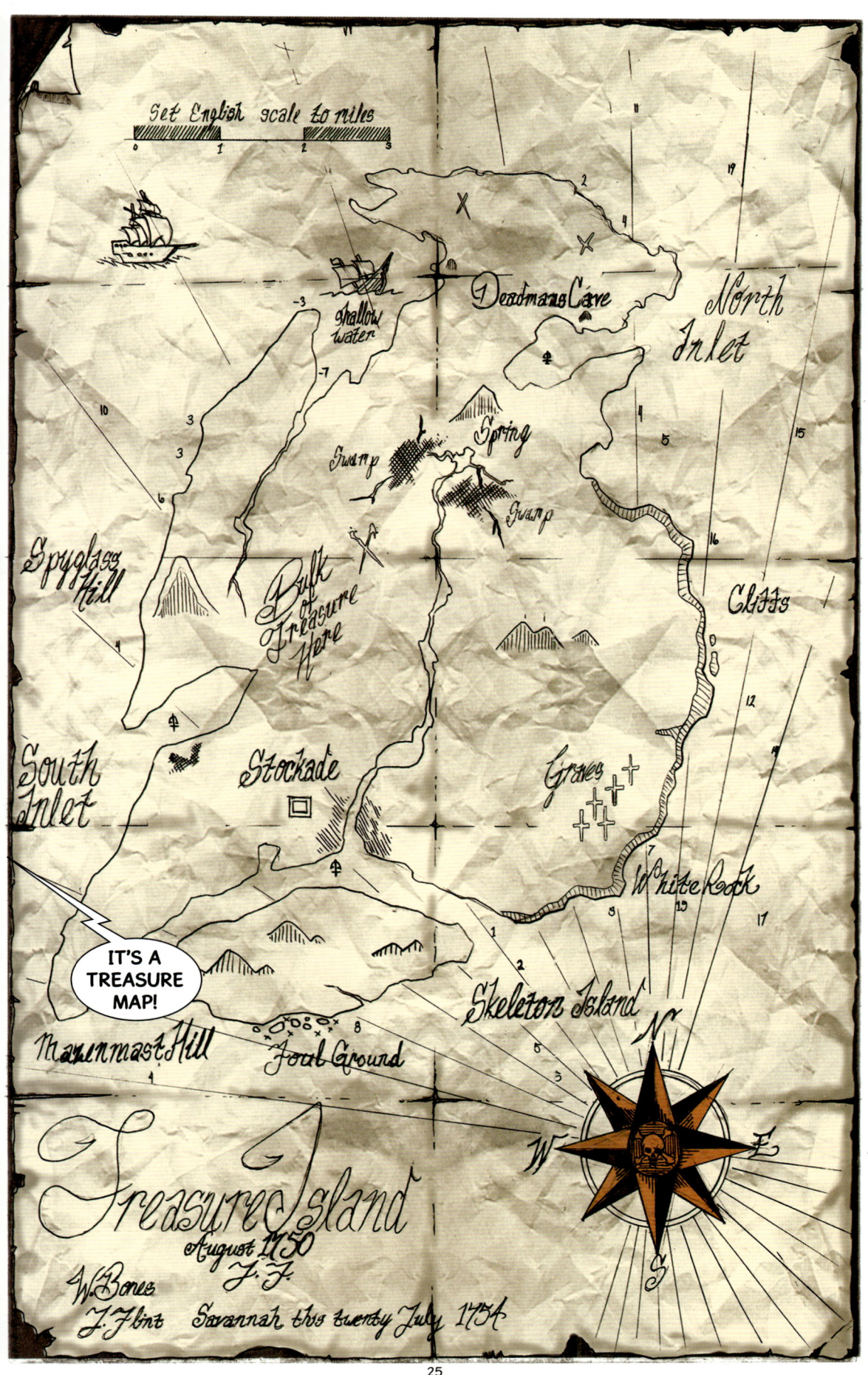

Set English scale to miles
0
1
2
3
Deadmans Cave
North Inlet
Shallow water
Spring
Swamp
Swamp
Spyglass Hill
Bulk of Treasure Here
Cliffs
South Inlet
Stockade
Graves
White Rock
Skeleton Island
Mizenmast Hill
Foul Ground
N
W
E
S
Treasure Island
August 1750
J. F.
W. Bones
J. Flint
Savannah this twenty July 1754

PIRATES AHOY!

The Golden Age of Piracy was approximately the period between the mid-17th and mid-18th centuries.

BLACKBEARD

Edward Teach, better known as the fearsome **Blackbeard** because of his long facial hair, was an infamous English pirate in the early 18th century. His reign of terror lasted two long years (1716-18), during which time he plundered many merchant ships on the Caribbean Sea and the Atlantic Ocean. He was always well-armed with several pistols, knives, and a sword aboard his ship – *Queen Anne's Revenge*. And can you guess what he did to scare his enemies? He lit matches under his hat or braided them into his beard to make it appear that his head was on fire. The crew of many ships surrendered at the mere sight of this frightful man. He was eventually killed in a battle with government forces in 1718.

DID YOU KNOW?

The **Jolly Roger** was the name given to the flag hoisted by pirates on their ships. It usually had a skull above two long bones which were set in an x pattern on a piece of black cloth. It was meant to strike fear into the hearts of victims!

THE PIRATES' CODE OF CONDUCT

Surprising but true: pirates followed their own set of strict rules. The codes varied from ship to ship, but had a common aim – to keep the crew from doing anything wrong. Some general codes included:

- All the members of the crew would get a fair share of the booty.
- A deserter or anyone keeping any secret from the rest would be marooned on an island, or in a small boat, with just some gunpowder, a bottle of water, and a gun with one bullet.
- A lazy man, or one who failed to keep his weapons clean, would lose his share of the booty.
- Every member would get a share of any captured drink and fresh food.
- Gambling was forbidden.
- Every member was compensated for the loss of a leg or hand in battle.

CAPTAIN KIDD

A British pirate, **William Kidd**, became known as one of the most infamous outlaws of all time. He plundered ships along the coast of North America, the Caribbean and the Indian Ocean in the 17th century, and accumulated a great deal of wealth. It is believed that **Captain Kidd** buried treasure from the plundered ship, *Quedagh Merchant*, on Gardiner's Island in the USA, before he was executed in 1701. Though some of it was found, legend has it that a large quantity still remains undiscovered. Over the years, many people have searched for it in vain. Treasure hunters have even gone down to the depths of the ocean in the hope of discovering the notorious pirate's great treasure.

DID YOU KNOW?

Pirates often fell sick because of the lack of good food. Scurvy, a disease caused by the lack of vitamin C, was a common ailment. Pirates knew they had it when their teeth started falling out and their skin began to go pale!

PIRATE SHIPS

Contrary to popular depictions, pirates generally used small and speedy ships rather than huge galleons. Two of the most popular ships in the Golden Age of Piracy were sloops and schooners:

SLOOPS

Light and manoeuvrable, **sloops** had shallow draughts which helped them sail into shallow waters to escape from, or chase, other ships. They could sail quickly, even without any wind, and with just a few pairs of oars. They were relatively small and usually contained up to 75 men and 14 guns.

SCHOONERS

Fast-moving ships, **schooners** had narrow hulls that allowed them to navigate easily over shoals and shallow waters. They had the capacity to take a full load and the 75-man crew inland, to hide in caves or to divide the pirates' spoils. Captain Smollett's ship, *Hispaniola*, is a schooner.

Hyejiwon English-Korean Graphic Novels Series

혜지원 영한 대역 그래픽 노블 시리즈는
여러분께 영어 학습 효과는 물론 재미와 감동까지 선사합니다.

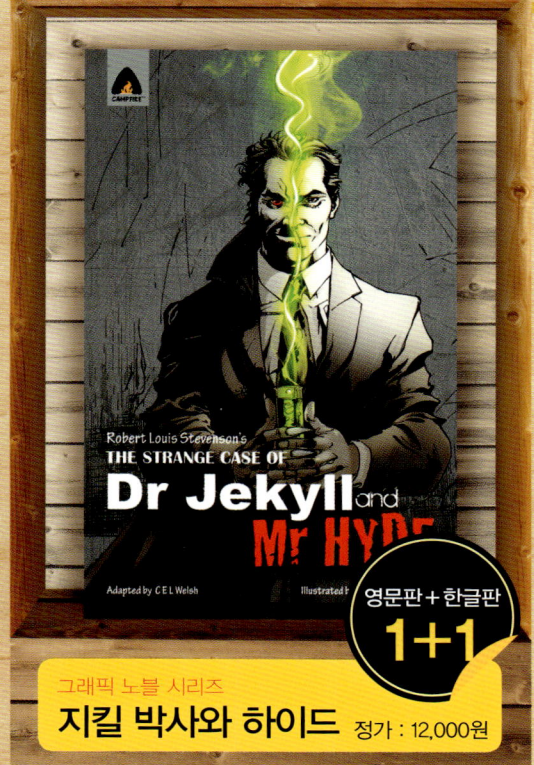

그래픽 노블 시리즈
지킬 박사와 하이드 정가 : 12,000원
영문판+한글판 1+1

그래픽 노블 시리즈
베니스의 상인 정가 : 12,000원
영문판+한글판 1+1

그래픽 노블 시리즈
타임머신 정가 : 12,000원
영문판+한글판 1+1

그래픽 노블 시리즈
오즈의 마법사 정가 : 12,000원
영문판+한글판 1+1

헤지원 Graphic Novel Series

그래픽 노블 시리즈
황야의 부름
정가 : 12,000원

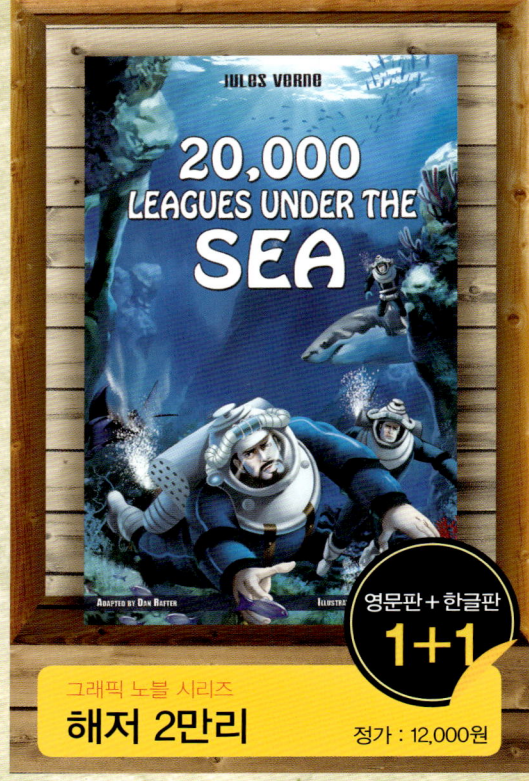

그래픽 노블 시리즈
해저 2만리
정가 : 12,000원

그래픽 노블 시리즈
왕자와 거지
정가 : 12,000원

그래픽 노블 시리즈
크리스마스 캐럴
정가 : 12,000원

Set English scale to miles
0
1
2
3
Shallow water
Deadmans Cave
North Inlet
Spring
Swamp
Swamp
Bulk of Treasure Here
Cliffs
Stockade
Graves
White Rock
Skeleton Island
Foul Ground
N
W
E
S
Treasure Island
August 1750
J. F.
W. Bones
J. Flint
Savannah, this twenty July, 1754

보물섬

로버트 루이스 스티븐슨 원저

초판 인쇄일	2012년 2월 24일
초판 발행일	2012년 3월 5일
지은이	Robert Louis Stevenson
번역자	김대웅
발행인	박정모
발행처	도서출판 혜지원
주소	서울시 동대문구 장안1동 420-3호
전화	02)2212-1227
팩스	02)2247-1227
홈페이지	http://www.hyejiwon.co.kr
편집진행	김형진, 이희경
전산편집	이희경
표지디자인	안홍준
영업마케팅	김남권, 황대일, 서지영
ISBN	978-89-8379-711-7 978-89-8379-710-0 (세트)
정가	12,000원

Copyright © 2010 Kalyani Navyug Media Pvt Ltd
Published by Campfire, an imprint of Kalyani Navyug Media Pvt Ltd.
Korean Translation Copyright © 2012 by Hyejiwon Publishing
All rights reserved.
Including the rights of reproduction in whole or in part in any form.

이 책은 한국판 저작권을 Campfire와 혜지원이 독점 계약하여 펴내는 책으로
저작권법에 의해 보호를 받는 저작물이므로 어떠한 형태의 무단 전재나 복제를 금합니다.

● 잘못 만들어진 책은 구입한 서점에서 교환해 드립니다.

작가에 대하여

로버트 루이스 스티븐슨은 1850년 스코틀랜드의 에딘버러에서 태어났습니다. 처음에는 기술자였던 아버지의 뒤를 이으려고 에딘버러 대학에서 공학과 법학을 공부했습니다. 하지만 글쓰기에 대한 열정이 남달랐던 그는 작가가 되기로 결심했습니다. 이러한 그의 직업 선택에 아버지는 몹시 화를 냈습니다. 그래서 스티븐슨은 공부를 마치겠다고 약속했고, 1875년에 결국 〈스코틀랜드 법조협회〉에 들어갔습니다.

그의 가장 유명한 작품은 1883년에 출판된 해적 이야기의 고전 『보물섬』입니다. 숨 가쁘게 진행되는 모험 이야기는 대중들의 관심을 끌었고 곧 세계적으로 인기를 얻었죠. 그로부터 125년이 지났지만 아직도 독자들은 나이에 상관없이 묻혀 있는 금을 찾아 외딴 섬으로 여행했던 어린 짐 호킨스의 모험에 환호합니다. 이후 스티븐슨은 1886년 출판된 『지킬 박사와 하이드』에서 악명 높지만 강한 호기심을 불러일으키는 캐릭터를 만들어냈습니다. 같은 해 출판된 모험 소설 『유괴』는 어린 소년과 도난당한 유산에 관한 이야기입니다.

건강이 그리 좋지 않았던 스티븐슨은 날씨가 좋은 곳을 찾아 해외로 여행을 자주 다녔습니다. 그는 이 여행들에 관해서도 자세한 기록을 남겼죠. 어느 해 프랑스로 여행을 떠났던 그는 프랜시스 오스번이라는 미국 여인을 만났고, 나중에 캘리포니아를 방문하여 그녀와 결혼했습니다.

1887년 스티븐슨은 아내와 의붓아들, 그리고 어머니와 함께 미국으로 건너갔습니다. 그는 곧 뉴욕에서 유명해졌고, 여러 출판사들로부터 매력적인 제의를 받았습니다. 그의 작품들 중 가장 뛰어나다는 『발란트래 경』을 쓰기 시작한 것도 바로 이 직후입니다.

말년에 스티븐슨은 가족과 함께 사모아 섬에 정착했고, 1894년 12월 3일 이곳에서 44세의 나이로 세상을 떠났습니다. 로버트 루이스 스티븐슨은 우리에게 모험 소설가로 잘 알려져 있지만 훌륭한 시인이자 수필가로도 기억되고 있습니다.

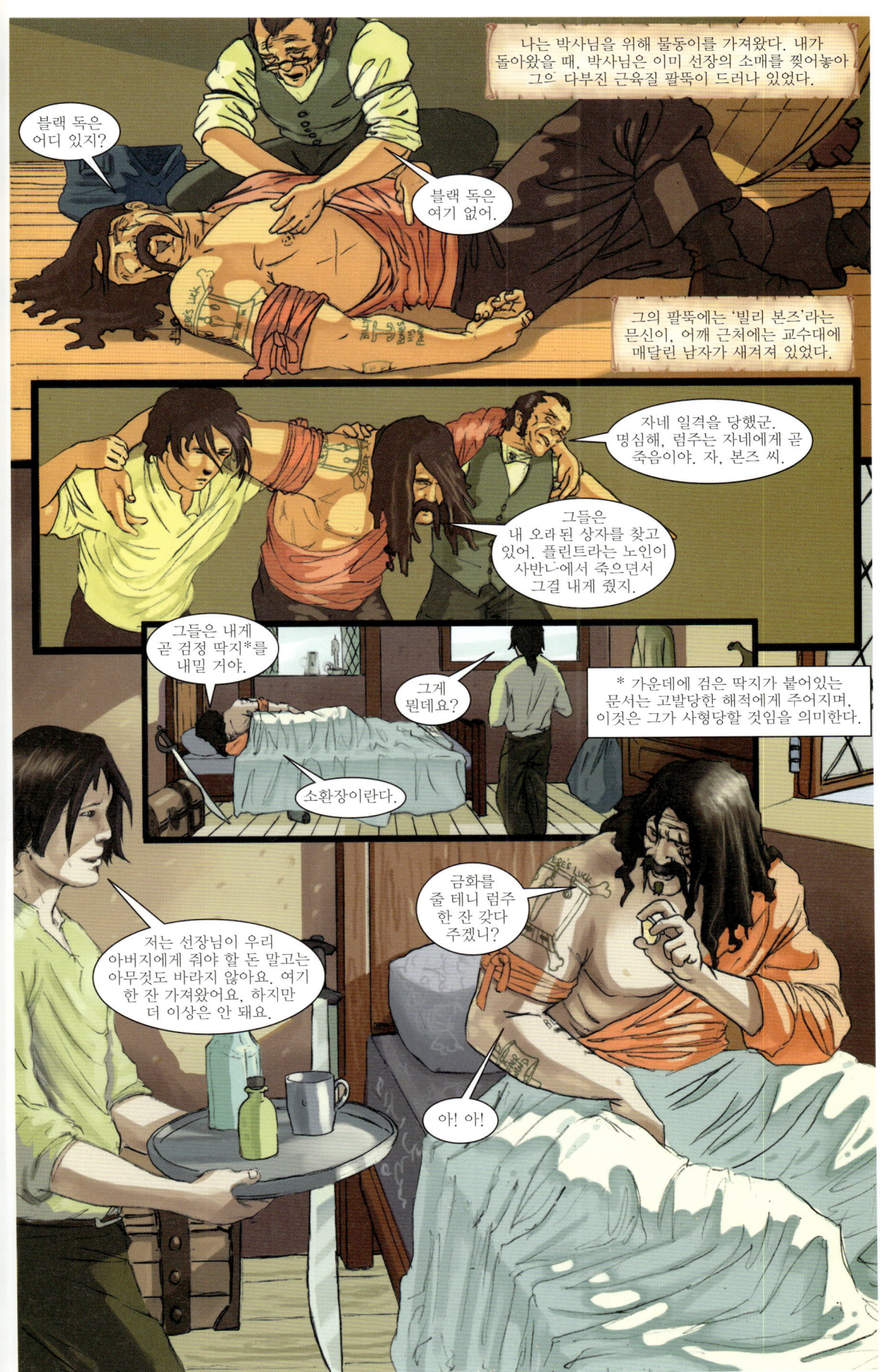

혜지원 영한 대역 그래픽 노블 시리즈를 펴내며...

혜지원의 영한 대역 그래픽 노블 시리즈는 오랜 기간 전 세계인들에게 사랑 받아 온 고전과 위인들에 관한 이야기를 만화로 엮었습니다. 긴 시간 많은 사람들에게 읽히고 그 가치를 인정 받아 온 고전에는 재미와 빛나는 철학이 담겨 있습니다. 또한 우리는 전기를 통해 저명한 인물의 삶과 시대를 탐험해 볼 수 있습니다.

이러한 고전과 위인전을 영어와 한글 두 가지 버전으로 모두 담아 그 내용을 더욱 깊이 이해하는 한편, 영어 실력 향상도 기대할 수 있도록 했습니다. 각각의 버전을 비교해서 읽으며 영어와 한글의 차이를 느껴 보는 것도 신선한 경험이 될 것이며, 재미있게 영어를 공부하는 기회도 될 것입니다.

상상력을 자극하는 이야기들을 섬세한 그림체로 구현해낸 혜지원의 그래픽 노블 시리즈를 통해 이야기에 더욱 몰입할 수 있습니다. 어렵고 긴 내용을 읽기 편한 길이와 만화로 담아 가독성을 높였으며, 원문을 최대한 살리되 이야기를 효과적으로 전달하기 위해 노력했습니다.

혜지원의 영한 대역 그래픽 노블 시리즈를 통해 이야기가 주는 매력에 푹 빠져 보세요. 상상력의 지평이 더욱 넓어지는 놀라운 경험을 하게 될 것입니다.

어이, 해적들!

해적의 황금기는 대략 17세기 중반에서 18세기 중반 사이입니다.

블랙비어드

얼굴을 덮은 긴 수염 때문에 무시무시한 블랙비어드로 더 잘 알려져 있는 애드워드 티치는 18세기 초 악명 높은 영국 해적이었습니다. 그는 2년 동안(1716-18) 대서양과 카리브 해에서 수많은 상선들을 약탈하며 공포에 몰아넣었지요. 그는 언제나 자신의 배 Queen Anne's Revenge (앤 여왕의 복수) 위에서 총과 칼, 검으로 단단히 무장하고 있었습니다. 그가 적들에게 어떻게 검을 주었는지 아세요? 그는 그의 모자 아래에 성냥불을 붙여 그의 머리가 불타고 있는 것처럼 보였답니다. 항복한 수많은 선원들은 이 무시무시한 남자를 보기만 해도 머리가 쭈뼛해졌지요. 1718년 그는 결국 정부군과의 전투에서 사살됐습니다.

이거 알아요?

졸리 로저는 해적들이 훔친 배에 꽂은 깃발입니다. 대개 검정 천에 X자로 놓인 두 개의 긴 뼈다귀가 있고, 그 위에 해골이 그려져 있지요. 그건 약탈 대상의 선원들에게 공포감을 주기 위해서입니다.

해적의 행동 강령

놀라운 진실; 해적들은 그들만의 엄격한 규칙을 따랐습니다. 규칙은 배마다 달랐지만, 일반적인 목적이 있었죠. 선원들이 나쁜 일을 하지 못하게 하는 겁니다. 보통 규칙에는 이런 것들이 있었습니다.

- 모든 멤버들은 전리품을 공평하게 나눈다.
- 도망치거나 비밀을 감지한 자는 약간의 화약과 물 한 병, 총알이 든 총을 주고 섬이나 작은 배에 고립시킨다.
- 게으르거나 무기를 깨끗이 보관하지 못한 자에게는 전리품을 주지 않는다.
- 모든 멤버들은 술과 신선한 음식을 나누어 먹는다.
- 도박은 금지.
- 모든 멤버들은 전투 중 팔이나 다리를 잃으면 보상을 받는다.

키드 선장

영국의 해적, **윌리엄 키드**는 역대 가장 악명 높은 범법자 중 하나로 알려져 있습니다. 그는 17세기 북아메리카 해안과 카리브 해, 인도양 등지에서 배들을 약탈해 엄청난 부를 축적했지요. 사람들은 1701년 그가 처형되기 전, **키드 선장**이 약탈한 배, '퀘다 머천트' 호의 보물을 미국 가디너 섬에 묻었다고 믿었습니다. 이 중 일부가 발견되었지만, 많은 보물들이 여전히 발견되지 않은 채 있다고 전해집니다. 수년간 많은 사람들이 헛되이 보물을 찾아 나섰지요. 보물 사냥꾼들은 악명 높은 해적의 위대한 보물을 찾기 위해 바다 깊숙이 들어가곤 했습니다.

이거 알아요?

해적들은 종종 영양이 풍부한 음식이 부족해 아프기도 했었습니다. 비타민 C가 부족해 생기는 괴혈병은 흔한 질병이었죠. 해적들은 이가 빠지고 피부가 창백해지기 시작하면 괴혈병에 걸린 걸 알았습니다.

해적선

보통 묘사된 것과 달리, 해적들은 대개 거대한 선박이 아니라 작고 빠른 배를 사용했습니다. 해적의 황금기에 가장 인기 있던 배는 슬루프와 스쿠너라는 작은 범선들이었습니다.

슬루프 (작은 범선)

가볍고 방향 조절이 쉬운 **슬루프**에는 다른 배를 쫓거나 반대로 쫓길 때 얕은 물에서 항해하는 것을 도와주는 낮은 흘수선이 있었습니다. 바람이 전혀 없거나 노가 몇 개 없어도 빨리 항해할 수 있었지요. 슬루프는 상대적으로 작고, 보통 사람 75명과 총 14정까지 실을 수 있었습니다.

스쿠너

빨리 움직이는 배 **스쿠너**는 여울이나 얕은 물에서 쉽게 항해할 수 있도록 좁은 선체로 되어 있었습니다. 동굴에 숨거나 해적들의 전리품을 나누기 위해 선원 75명과 짐을 가득 싣고 육지로 들어갈 수 있었지요. 스몰렛 선장의 배, 히스패니올라 호가 스쿠너입니다.

Hyejiwon English-Korean Graphic Novels Series

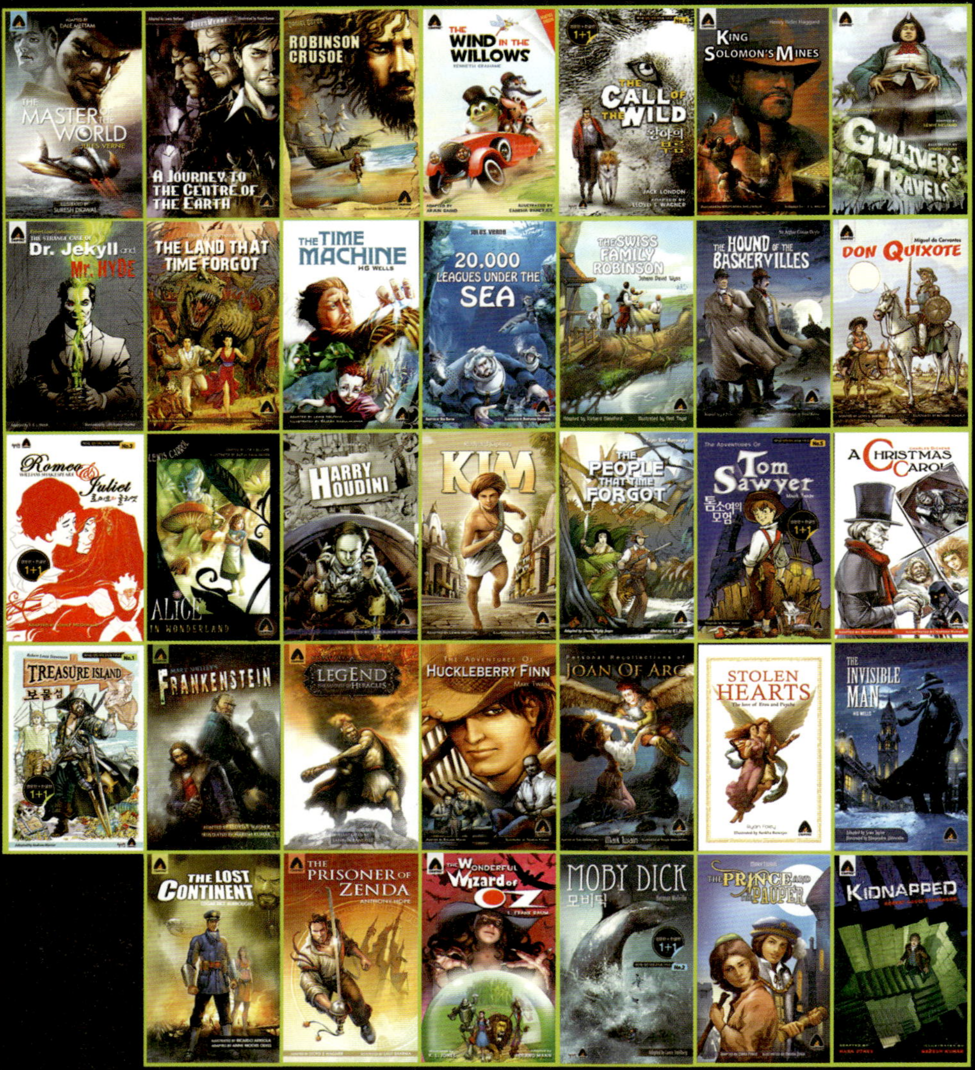

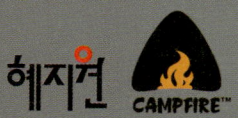

혜지원 영한 대역 그래픽 노블 시리즈는
여러분께 영어 학습 효과는 물론 재미와 감동까지 선사합니다.

혜지원 CAMPFIRE™